La primera disculpa es la peor

Acabemos de una vez

The First Apology Is the Worst

Let's Get It Over With

Jimmy Huston

Ojalá no necesitaras este libro.

Pero lo necesitas.

Lo siento.

¿Lo ves? Eso es todo.

Algo así.

Sólo di que lo sientes, y puedes tirar este libro.

I wish you didn't need this book.

But you do.

Sorry.

See? That's all there is to it.

Sort of.

Just say you're sorry, and you can throw this book away.

Cosworth Publishing
21545 Yucatan Avenue
Woodland Hills CA 91364
www.cosworthpublishing.com

Para más información sobre este consentimiento,
escríbanos a *office@cosworthpublishing.com*.

For information regarding permission,
please send an email to *office@cosworthpublishing.com*.

Dedicado a Clementia
Diosa del Perdón

Dedicated to Clementia
Goddess of Forgiveness

Sí, has hecho o dicho *algo*.

Y alguien pensó que era bastante malo.

Ahora estás recibiendo un poco de calor.

Malas vibras.

Y no van a desaparecer.

Puede que tengas (o hayas tenido) razón.

Esto es lo peor. Puede que estés (o hayas estado) equivo-cado. Esto es lo peor.

Yeah, you've done or said *something*.

And somebody thought it was pretty bad.

Now you're getting a little heat.

Bad vibes.

And they're not going away.

You may be (or have been) right. This is the worst.

You may be (or have been) wrong. This is the worst.

¿Así que tienes algún tipo de disputa?

Eso nunca es bueno, pero algunas disputas son peores que otras.

Si tu desacuerdo es con alguien que va a volver a aparecer en tu vida, sobre todo si es alguien a quien vas a necesitar, tienes que llegar a un acuerdo.

Uno o los dos están enfadados.

Las cosas no están mejorando y, de hecho, probablemente estén empeorando. Seguro que no vas a *disculparte.* ¿Por qué deberías hacerlo?

So you're in some sort of dispute?

That's never a good thing, but some disputes are worse than others.

If your disagreement is with someone who's going to be showing up in your life again, especially if it's someone you're going to need, you're going to have to work something out.

One or both of you is mad.

Things are not getting any better and, in fact, are probably getting worse. You're sure not going to *apologize.* Why should you?

Buena pregunta. ¿Por qué?

Así es como empiezan algunas guerras. Concedido, esto no va a crecer a una guerra a gran escala, pero las cosas no van tan bien para usted ahora, ¿verdad?

That's a good question. Why should you?

This is how some wars start. Granted, this isn't going to grow to a full scale war, but things are not going that well for you now, are they?

3

¿Por qué disculparse?

Porque sí. Tienes una disputa con alguien que es importante en tu vida y con quien seguirás teniendo contacto, te guste o no.

Este problema va a teñir todas las situaciones con esa persona. Va a empeorar con el tiempo, no a mejorar.

En cierto modo, necesitas a esa persona. O algún día la necesitarás. Cuanto más esperes para arreglar esto, peor será.

Realmente no quieres disculparte, pero...

Why Apologize?

Because. You are in a dispute with someone who is important in your life, and who you will continue to have contact with, like it or not.

This trouble is going to color every situation with that person. It is going to get worse over time, not better.

On some level, you need this person. Or you will someday. The longer you wait to get this straightened out, the worse it's going to get.

You really don't want to apologize but...

Romeo y Julieta

¿Y si los Capuleto y los Montesco hubieran arreglado las cosas? Imagina que alguien de cualquiera de las dos familias se hubiera disculpado. Estos dos amantes legendarios no se habrían suicidado (y no tendríamos que ver la obra de Shakespeare sobre ellos).

Romeo and Juliet

What if the Capulets and the Montagues had worked things out? Imagine if someone in either family had apologized. These two legendary lovers would not have killed themselves (and we wouldn't have to watch Shakespeare's play about them).

Alexander Hamilton y Aaron Burr

¿Y si Hamilton simplemente se hubiera disculpado con Burr en lugar de recibir un disparo? Ambos podrían haber bailado felices en el final de la obra de Broadway. Habría tenido un final completamente diferente. Como él.

Alexander Hamilton and Aaron Burr

What if Hamilton had simply apologized to Burr instead of getting shot? They could have *both* danced happily in the finale of the Broadway play. It would've had a completely different ending. As would he.

Julio César

Si César se hubiera disculpado ante el Senado romano por cruzar el Rubicón, quizá los "idus de marzo" habrían tenido un significado completamente distinto.

Julius Caesar

If Caesar had apologized to the Roman senate for crossing the Rubicon, perhaps the "Ides of March" would've had a completely different meaning.

Custer y Toro Sentado

Si el teniente coronel Custer se hubiera disculpado con el jefe Toro Sentado, aún estaría vivo. Bueno, tal vez no vivo, pero sin duda habría vivido más de lo que vivió. (Sólo que no sería tan famoso).

Custer and Sitting Bull

If Lt. Colonel Custer had apologized to Chief Sitting Bull he'd still be alive. Well, maybe not alive, but he would definitely have lived longer than he did. (He just wouldn't be as famous.)

Probablemente hubo uno o dos momentos incómodos para él en Little Bighorn en los que habría cambiado gustosamente su fama por unos pocos años más en la Tierra.

There was probably an awkward moment or two for him at Little Bighorn when he would've gladly traded his fame for a few more years on Earth.

Moby Dick

Si el capitán Ahab hubiera dejado de perseguir a la ballena blanca por todo el océano, y se hubiera disculpado por todas esas molestias, quizá no se habría hundido como el Titanic. Podrían haber sido compañeros de pesca, como Pinocho y su ballena, o Jonás y la suya.

Moby Dick

If Captain Ahab had stopped chasing the White Whale all over the ocean, and apologized for all that trouble, maybe he wouldn't have been sunk like the Titanic. They could've been fishing buddies, like Pinocchio and his whale, or Jonah and his.

10

Caperucita Roja y el Lobo Feroz

Si el Lobo Feroz simplemente se hubiera disculpado con Caperucita Roja (y con su Abuela) podrían haberse hecho amigos, y el Leñador no habría tenido que matarlo.

Little Red Riding Hood and the Big Bad Wolf

If the Big Bad Wolf had simply apologized to Little Red Riding Hood (and her Grandmother) they could have become friends, and the Woodcutter wouldn't have had to kill him.

King Kong y Godzilla

Si el simio gigante se hubiera disculpado con el lagarto gigante, ciudades enteras de Japón no habrían sido destruidas innecesariamente.

King Kong and Godzilla

If the giant ape had apologized to the giant lizard, entire cities in Japan would not have been needlessly destroyed.

Y juntos podrían haber fundado el superzoo más grande
y gigantesco del mundo.

Podrían haber sido amigos, pero noooooooo.

And together they could have started the world's largest,
most gigantic super-zoo.

They could've been pals, but noooooooo.

Incluso el Jardín del Edén.

Quizá Adán y Eva deberían haberse disculpado por lo de la manzana. Eso nos habría ahorrado al resto muchos problemas a lo largo de los años.

Even the Garden of Eden

Maybe Adam and Eve should have apologized for that whole apple thing. That could have saved the rest of us a lot of trouble over the years.

What about Satan?

Shouldn't he apologize for *EVERYTHING*?

¿Y Satanás?

¿No debería disculparse por *TODO*?

Hay muchos nombres diferentes para la persona con la que tienes un problema.

Enemigo. Este término casi nunca se utiliza, es demasiado obvio.
Oponente. No está mal.
Adversario. No es suficientemente insultante.
Antagonista. Demasiado pretencioso.
Malo. Demasiado simple.
Agraviado. Demasiado elegante.
Tonto. Ahora estamos llegando a alguna parte.

También hay algunas malas palabras. Eso es otro libro.

There are lots of different names for the person you're having a problem with.

Enemy. This term is hardly ever used. It's too obvious.
Opponent. Not bad enough.
Adversary. Not insulting enough.
Antagonist. Too pretentious.
Bad guy. Too simple.
Aggrieved. Too fancy.
Dufus. Now we're getting somewhere.

There are a few bad words, too. That's a whole other book.

¿Pero con quién sueles enfadarte?

But who are you usually mad at?

Padres.

Madres. Padres. Problemas. Y no hay salida. No hay nadie que pueda hacerte estallar más rápido que un padre. Claro, han sacrificado mucho por ti, pero aun así....

Si eres un niño, tus padres son más grandes que tú y controlan casi todo en tu vida. ¿Por qué querrías que se enfadaran contigo?

Te guste o no, los necesitas para muchas cosas. Comida. Paseos. Dinero. Realmente tienen todas las cartas. Por ahora, será mejor que te acostumbres a disculparte.

En la mayoría de las familias debería haber un montón de disculpas volando en ambas direcciones en todo momento. Pero, por alguna razón, no hay nada más difícil o desagradable que la idea de disculparse con ellos. Lo más inteligente es acabar de una vez. Van a ser tus padres durante mucho, mucho tiempo, y vas a necesitar su ayuda durante todo el camino. Hazlo.

(Con el tiempo, tendrás la oportunidad de poner a mamá y papá en un hogar. Hasta entonces, di que lo sientes).

Parents

Moms. Dads. Trouble. And there's no way out. There's no one who can set you off more quickly than a parent. Sure, they've sacrificed a lot for you, but still....

If you're a kid, that means your parents are bigger than you, and they control just about everything in your life.

Why would you want them mad at you?

Like it or not, you need them for a lot of things. Food.
Rides. Money. They really hold all the cards. For now,
you'd better get used to apologizing.

In most families there should be lots of apologies flying
in both directions at all times. But, for some reason,
there's nothing harder or more unpleasant than the idea
of apologizing to *them*. The smart thing is to get it over
with. They're going to be your parents for a long, long
time, and you're going to need their help all along the
way. Just do it.

(Eventually, you'll get a chance to put Mom and Dad in
a home. Until then, say you're sorry.)

Hermanos

¡Awww-ratas!

¿Incluso hermanos?

Eso es llevar las disculpas demasiado lejos.

Acéptalo. Si tienes hermanos, tienes problemas.

Los hermanos son lo peor.

Siblings

Awww—rats!

Even siblings?

That's taking apologies too far.

Face it. If you've got siblings, you've got trouble.

Si tienes ambos...

Brothers are the worst.

If you have both—

20

Las hermanas son lo peor.

Sisters are the worst.

...¡eso es lo peor!

—*that's* the worst!

Los rivales

(Sería descortés utilizar el término "enemigos", pero ya te haces una idea). Son las personas a las que menos quieres pedir perdón. Ellos ya piensan que tienen razón y que tú estás equivocado en todo. Tú sabes que es exactamente lo contrario, pero...

...una disculpa les hará olvidarse de ti. Ciertamente no va a bajar su opinión de ti. Tal vez dejen de fijarse en ti y en las cosas que haces. Tal vez incluso te dejen en paz.

En cierto modo, una disculpa te da moral. Lo odiarán.

Rivals

(It would be impolite to use the term "enemies"—but you get the idea.) These are the very people that you least want to apologize to. They already think that they are right and you are wrong—about everything. You know that it's just exactly the opposite, but—

—an apology will take their mind off you. It certainly isn't going to lower their opinion of you. Maybe they'll stop fixating on you and the things you do. Maybe they'll even leave you alone.

In a way, an apology gives you the moral high ground. They'll hate that.

Matones

Nunca deberías tener que disculparte con un matón. Nunca.

Pero lo harás. A menos que ganes la pelea. Una disculpa podría ser la forma inteligente de salir de una mala situación.

Si una pelea fuera a solucionarlo, el matón no se metería contigo.

Bullies

You should never have to apologize to a bully. Ever.

But you will. Unless you can win the fight. An apology could be the smart way out of a bad situation.

If a fight was going to solve this, the bully wouldn't be picking on you.

Compañeros

¿Por qué tienes que disculparte con tus amigos? Porque los necesitas. Necesitas a alguien que te entienda y te aguante. Además, de todas formas, no se acordarán.

Con los amigos de verdad, nunca deberías tener que disculparte. Pero lo harás. Junto con la familiaridad vienen los tipos de intrusiones y revelaciones que pueden sacudir las amistades hasta la médula. No te preocupes por quién tiene razón y quién no. Acaba de una vez. Así puedes volver a jugar, pasar el rato o lo que fuera que les gustara hacer juntos antes de enfadaros.

Buddies

Why should you ever have to apologize to your buddies? Because you need them. You really need someone who understands you and will put up with you. Besides, they won't remember it anyway.

With real pals, you should never need to apologize. But you will. Along with the familiarity comes the kinds of intrusions and revelations that can shake friendships to the core. Don't worry about who's right or who's wrong. Just get it over with. Then you can get back to playing or hanging out or whatever it is you liked to do together before you got mad.

Compañeros

No tus amigos, sino todos los que están a tu nivel. Compañeros de clase, chicos del barrio, primos, compañeros de equipo...

De una forma u otra, todos te harán enfadar en algún momento. Te costaría mucho trabajo vengarte de todos ellos.

Es mucho más fácil disculparse.

Peers

Not your pals, but everyone else who is at your level. Classmates, neighborhood kids, cousins, teammates...

One way or another, they're all going to make you mad at some point. It would take a lot of work to get even with all of them.

It's just so much easier to apologize.

Los profesores

Estarás pegado a cada profesor durante bastante tiempo, y si quieres pasar al siguiente nivel en tu carrera escolar, tienes que llevarte bien, o al menos parecer que te llevas bien.

No es fácil engañar a los profesores, pero te seguirán el juego. Tienen muchos otros niños con los que lidiar. Lo único que quieren es acabar de una vez por todas, sea lo que sea.

Teachers

You're stuck with each teacher for quite a while, and if you want to move on to the next level in your school career, you have to get along—or at least *seem* to get along.

Teachers aren't easy to fool, but they'll play along. They've got lots of other kids to deal with. They just want it over with—whatever it is.

Directores

Si no puedes disculparte con tu profesor, acabarás llegando, así que mejor prepárate.

Principals

If you can't apologize to your teacher, you're gonna get here eventually, so you might as well get ready.

Oponentes

Las porras lo dicen todo. ¡Véncelos! ¡Aplástalos! ¡Pégales fuerte!

Se supone que te pasas partidos enteros intentando humillar al otro equipo y, de repente, tienes que darle la mano. Eso está mal, sobre todo después de todo lo que te han gritado.

Opponents

The cheers say it all. Beat 'em! Crush 'em! Hit 'em hard!

You're supposed to spend entire games trying to humiliate the other team, then suddenly you have to shake hands. That just feels wrong, especially after all the things they've been yelling at you.

Entrenadores

No tienes que pedir disculpas a los entrenadores, nunca. A menos que ese entrenador tenga el poder de hacerte correr. O hacer flexiones. A menos que decida quién juega en cada posición. A menos que decida quién juega y quién se sienta en el banquillo.

No tienes que querer a todos los entrenadores. Pero no quieres que tu entrenador se enfade contigo. No querrás que tu entrenador sienta que tiene que darte una lección.

Coaches

You absolutely do not *have* to apologize to coaches— ever. Unless that coach has the power to make you run laps. Or do push-ups. Unless that coach decides who plays which position. Unless that coach decides who plays and who sits on the bench.

You don't have to love every coach. But, you don't want your coach to be mad at you. You certainly don't want your coach to feel like he (or she) has to teach you a lesson.

Amantes

Quizá no necesites esta página, pero la necesitarás.
Será mejor que empieces a trabajar en ella ahora. Con
la intimidad vienen todas las cosas que vienen con la
intimidad. Y no todas son buenas.

Las relaciones significan que vas a pasar mucho más
tiempo con alguien especial, y no puedes engañarte
el uno al otro para siempre. Uno de los dos tendrá un
desliz.

No hace falta mucho. Un cumplido que no se esperaba.
Una mala elección de cualquier cosa, desde películas
hasta pasos de baile. Alguien llegó tarde. Alguien cogió
una patata frita sin preguntar. Alguien no llamó cuando
debía. Alguien sonrió (y tal vez coqueteó) con alguien
con quien no debería haberlo hecho. Demasiado de
algo. Demasiado poco de otra cosa. Uf.

Lovers

Maybe you don't need this page. But you will. Might as well start working on it now. With intimacy come all the things that come with intimacy. And they're not all good.

Relationships mean you'll be spending lots more time with someone special, and you can't keep fooling each other forever. One of you is going to slip up.

It doesn't take much. A missed compliment that was expected. A poor choice of anything—from movies to dance moves. Someone was late. Someone took a French fry without asking. Someone didn't call when they should have. Someone smiled (and perhaps flirted) with someone they shouldn't have. Too much of something. Too little of something else. Ugh.

Policías

Pasara lo que pasara, prepárate para disculparte. Los policías tienen todas las leyes y todo el poder de su lado. Además, tienen placas, esposas y un arma. Dondequiera que creas que va tu discusión, ellos tienen la última palabra.

Una disculpa puede sacarte del apuro.

Puedes cambiar tu historia cuando llegues a casa.

O puedes conseguir un abogado. Es más barato disculparse.

Cops

Whatever happened, get ready to apologize. Cops have all the laws and all the power on their side. Plus they have badges, handcuffs, and a gun. Wherever you think your argument is going, they get the last word.

An apology might get you out of trouble.

You can change your story when you get home.

Or you can get a lawyer. It's cheaper to just apologize.

Los suegros

Si no los tienes ahora, vendrán algún día y los vas a molestar. Tal vez sea a propósito. Tal vez no.

Prepárate.

In-laws

If you don't have them now, they're coming someday. And, you're going to upset them. Maybe it will be on purpose. Maybe not.

Get ready.

Los clientes

Todo el mundo dice: "El cliente siempre tiene razón".

Bueno, todos sabemos que eso no es cierto.

Pero a veces con los clientes tenemos que fingir.

Con los clientes, disculparse no es más que otra forma de hacer la pelota.

Hazlo.

Customers

Everyone says, "The customer is always right."

Well, we all know that's not true.

But sometimes with customers we have to pretend.

With customers and clients, apologizing is just another form of sucking up.

Do it.

Jefes

Sé inteligente. Quizá no quieras tener que rendir cuentas a un jefe, pero tampoco quieres no tener jefe, así que a veces tendrás que disculparte.

Bosses

Be smart. Maybe you don't want to have to answer to a boss, but you also don't really want to *not* have a boss— so sometimes you're going to have to apologize.

Mascotas

Son geniales. En realidad, no se enfadan contigo, y aunque lo hicieran tendrían que perdonarte, ¡porque de ti viene su comida! Por eso son los animales perfectos para practicar las disculpas. No sabrán que has "cedido".

Pets

They're great. They don't really get mad at you, and even if they did they'd have to forgive you—because you are where their food comes from!

That makes pets the perfect ones to practice apologizing on. They won't know you've "given in."

Evaluación de daños

¿Exactamente en cuántos problemas estás metido?

Quizá una disculpa no sería para tanto si realmente te salvara el pellejo.

Damage assessment

Exactly how much trouble are you in?

Maybe an apology wouldn't be such a big deal if it really saved your butt.

Algunas personas afirman con orgullo que nunca se disculpan. Eso suele significar una de dos cosas.

1. O esa persona nunca se equivoca y, por tanto, nunca tiene nada por lo que disculparse......o 2. Esa persona es un imbécil. Esa persona es un imbécil.

Así que, si nunca te disculpas -piensas que eres la persona número 1-, a veces te preguntarás por qué estás enfadado la mayor parte del tiempo. La respuesta es que en realidad eres la persona número 2. Naturalmente, tú no piensas que eres un imbécil, pero ¿qué piensan los demás?

¿Necesitas a esas otras personas? ¿Nunca? ¿Te gustaría no estar enfadado la mayor parte del tiempo?

Some people proudly state that they *never* apologize. That usually means one of two things.

1. Either that person is never wrong, and therefore never has anything to apologize for......or 2. That person is a jerk.

So, if you *never* apologize—you think you're person Number 1—you may sometimes wonder why you're mad so much of the time. The answer is—you're really person Number 2. Naturally you don't think you're a jerk, but what do other people think?

Do you need those other people? Never? Would you like to not be mad so much of the time?

¿Cansado de discutir?

Quizá te estés preguntando: "¿Por qué está todo el mundo tan enfadado?"

Tired of Arguing?

Maybe you're wondering, "Why is everybody so angry?"

Bueno, ¿tienes problemas con tu madre, y con tu padre, y con tu hermano, y con tu hermana, y con tu abuela, y con tu abuelo, y con tu profesor, y con tu entrenador, y con tus amigos, y con tus compañeros de equipo, y con tus vecinos, e incluso con tus mascotas?

Tal vez seas tú. Sí, si tienes problemas con *todo* el mundo, probablemente seas tú. Tal vez sea hora de disculparse. ¡Definitivamente eres *tú*! *¡Empieza a disculparte!*

Well, are you having problems with your mom, and your dad, and your brother, and your sister, and your grandma, and your grandfather, and your teacher, and your coach, and your pals, and your teammates, and your neighbors, and even your pets?

Maybe it's you. Yeah, if you're having problems with *everybody,* it's probably you. Maybe it's time to apologize. It's definitely *you! Start apologizing!*

Éste es el pequeño y sucio secreto de las disculpas. No tienes que decirlo en serio.

Deberías decirlo en serio. Es mucho mejor si lo dices en serio, pero no es necesario.

¿Por qué fingir? Porque necesitas seguir con tu vida. Necesitas que la tonta disputa termine.

Todas las disculpas te aportan los mismos beneficios, tanto si las dices en serio como si no, excepto uno. Tranquilidad.

Tanto tú como la persona con la que te has disculpado pueden seguir adelante. Pueden continuar su relación.

Tú, sin embargo, seguirás sintiéndote un poco mal. Puedes vivir con ello. Pero, hay una pequeña sensación persistente de que las cosas todavía no están del todo bien.

Es tu decisión. Nadie más lo sabrá.

Tal vez.

O, simplemente supéralo. Discúlpate.

Here's the dirty little secret to apologizing. You don't have to mean it.

You *should* mean it. It's definitely better if you mean it. But you don't have to.

Why would you fake it? Because you need to get on with your life. You need the dumb dispute to be over with.

You get all the same benefits from any apology— whether you mean it or not—except one. Peace of mind.

Both you and the person you've apologized to can move on. You can continue your relationship.

You, however, will still feel a bit off. You can live with it. But, there's a little nagging feeling that things still aren't quite right.

It's your choice. No one else is going to know.

Maybe.

Or, just get over yourself. Apologize.

Es verdad. No tienes que decirlo en serio. Es una estrategia, una forma de seguir adelante con tu vida sin que queden malos sentimientos entre ustedes.

Sí, es un compromiso, un compromiso que tú no quieres. Pero sin ella, las cosas son peores que la propia disculpa.

Curiosamente, una disculpa -por horrible que parezca- no rebaja la opinión que la otra persona tiene de ti. Puede sorprenderles. Puede impresionarle. Puede que piense que eres mejor persona de lo que pensaba.

Sólo tú sabrás que es mentira y que en lo más profundo de ti se esconde la secreta aversión a toda esa idea. Sólo tú sabrás que sigues lleno de malos sentimientos y que no te estás curando en absoluto.

Sólo estás siendo práctico. Sigues adelante con tu vida y necesitas que esta relación vuelva a estar donde estaba antes de que se hirieran los sentimientos.

Seguirás pensando que tenías razón, pero eso puede cambiar con el tiempo.

That's right. You don't have to mean it. It's a strategy, a way to move on with your life without any lingering bad feelings between you.

Yes it's a compromise—a compromise you don't want. But without it, things are worse than the apology itself.

Oddly enough, an apology—as horrible as it seems— doesn't lower the other person's opinion of you. It may surprise them. It may impress them. It may make them think you're a better person than they thought.

Only you will know that it's a lie and that deep inside you lurks the secret dislike of the whole idea. Only you will know that you're still full of bad feelings and that you're not healing at all.

You're just being practical. You're moving on with your life and you need this relationship back where it was before feelings were hurt.

You'll still think you were right, but that may change with time.

El perdón

Se habla mucho del perdón, pero no es algo que se encuentre muy a menudo. Es diferente de pedir perdón. En realidad no es más difícil, pero siempre parece que lo es.

El perdón no es para la persona a la que perdonas. El perdón es para ti. Significa que por fin dejas atrás todos esos malos sentimientos que te han estado molestando. Significa que puedes seguir con tu vida.

Y, si vuelves a meterte en problemas, también tendrás una vía para dejarlos atrás. Para perdonar, hay que hacerlo en serio.

Forgiveness

There's a lot of fancy talk about forgiveness, but it's not something you come across very often. It's different from apologizing. It's not really harder, but it always seems like it is.

Forgiveness is not for the person you're forgiving. Forgiveness is for you. It means you're finally letting go of all those bad feelings that have been bothering you. It means you can get on with your life.

And, if you get into trouble again, you'll have a pathway to put that behind you, too. For forgiveness, you *do* have to mean it.

Empieza poco a poco

Mascotas. Bebés. ¿Tal vez una roca? O un árbol. Una flor. Eso es, discúlpate con una flor.

Susurra. Repite. ¿Más alto? Una flor ni siquiera está escuchando. Y ciertamente no se lo dirá a nadie. Tu secreto está a salvo. Puedes preparar tu disculpa sin tener que presentarla. Es una buena práctica.

Y las flores también huelen bien. No como el idiota con el que estás enfadado. Vaya. Esa fue una mala elección.

Lo siento. (¿Ves cómo funciona?)

Start small

Pets. Babies. Maybe a rock? Or a tree. A flower! That's it. Apologize to a flower.

Whisper. Repeat. Louder? A flower isn't even listening. And it certainly isn't going to tell anyone. Your secret is safe. You get to work out your apology—without having to actually deliver it. It's good practice.

And flowers smell good, too. Not like the jerk you're mad at. Oops. That was a bad choice.

Sorry. (See how it works?)

¿Y si rechazan tus disculpas?

Golpéalos.

No, espera. Mala idea. Tienes la moral alta, valga lo que valga.

Asiente. Luego sonríe. Luego vete mejor por ello. Sabrás que has ganado. Y ellos también.

What if your apology is refused?

Slug 'em.

No, wait. Bad idea. You have the moral high ground—whatever that's worth.

Nod. Then smile. Then walk away the better for it. You'll know you've won. And so will they.

¿Cómo te disculpas?

Vas a odiar esto, pero es lo que tienes que hacer. Pide perdón. Di específicamente lo que hiciste mal o lo que te hizo daño. No pongas excusas. No culpes a nadie. Di que no volverás a hacerlo.

Cuando lo hayas hecho varias veces, ya no te parecerá tan horrible. Y puede que veas que supone una diferencia para los que te rodean. Con el tiempo, puede que tú también te sientas mejor.

Pero por ahora, sólo tienes que acabar con ello.

How do you apologize?

You're going to hate this—but it's what you need to do. Say you're sorry. Say specifically what you did that was wrong or hurtful. Don't make excuses. Don't blame anyone else. Maybe say you won't do it again.

After you've done it a few times, it won't seem so horrible. And, you may see that it makes a difference to those around you. In time, you may actually feel better, too.

But for now, you just need to get it over with.

Por extraño que parezca, no hay grandes disculpas ni en la historia ni en la literatura ni en la vida. Eso se debe a que las grandes historias necesitan conflicto, y las disculpas lo reducen.

Las disculpas evitan que las cosas empeoren, pero hay muchas disculpas que no se han pedido. Se llaman discusiones. O peleas. O enemistades. O guerras. La guerra de Troya. No pidieron perdón. La Primera Guerra Mundial. Nadie se disculpó. La Segunda Guerra Mundial. De nuevo, nadie se disculpó.

Quizá sea hora de empezar a disculparse.

Strangely enough, there are no great apologies in either history or literature or life. That's because great stories need conflict, and apologies reduce it. Apologies stop things from getting worse. But, there are lots of apologies that did not get made. They are called arguments. Or quarrels. Or feuds. Or wars.

The Trojan War. They failed to apologize. World War I. Nobody apologized. World War II. Again, no apologies.

Maybe it's time to start apologizing.

Así que inténtalo.

Hazlo de una vez.

So give it a try.

Get it over with.

Sólo recuerda.
Disculparse es gratis.
Los resultados no
tienen precio.

Just remember.
Apologies are free.
The results are
priceless.

Espero que este libro te ayude.

Si no...

...¡Lo siento!

I hope this book helps.

If not—

— I'M SORRY!

Fin

The End

Sobre el autor

Jimmy Huston es natural de Athens, Georgia, y vive en Woodland Hills, California, con su mujer y su perro.

Guionista y director de cine en alguna ocasión, se disculpa sinceramente por todos sus libros tontos.

About the Author

Jimmy Huston is a native of Athens, Georgia, who lives in Woodland Hills, California with his wife and dog.

A sometime screenwriter and film-maker, he sincerely apologizes for all his silly books.

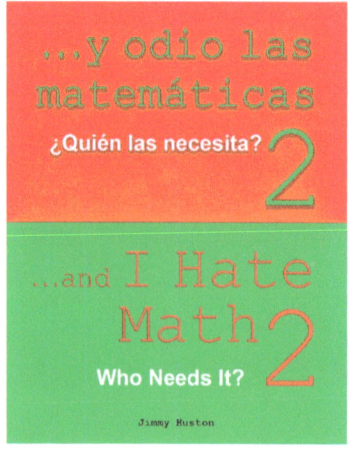

More books from Cosworth Publishing
www.cosworthpublishing.com
Más libros de Cosworth Publishing
www.cosworthpublishing.com

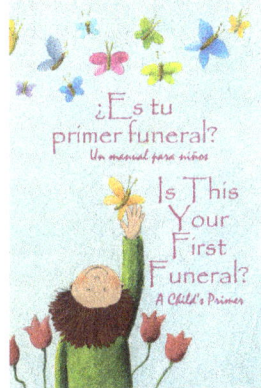

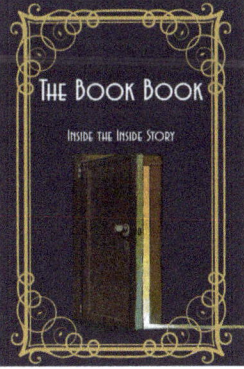

¿Quién* compra libros para un niño con dislexia?

Dar un libro de autoayuda a un niño disléxico es como ofrecer un vaso de agua a alguien que se está ahogando.

Así que pide que alguien te lo lea para escucharlo y pensar sobre él – y mira los dibujos.

Este libro también está disponible en Audible como audiolibro. (Tendrás que imaginarte las fotos.)

* Alguien que se preocupa.

Who* buys a book for a kid with dyslexia?

Giving a self-help book to a dyslexic kid is like offering a drink of water to someone who is drowning.

So, have someone read it to you, so you can listen and think about it -- and look at the pictures.

This book is also available on Audible as an audiobook. (You'll have to imagine the pictures.)

* Someone who cares.

More books from Cosworth Publishing
www.cosworthpublishing.com
Más libros de Cosworth Publishing
www.cosworthpublishing.com

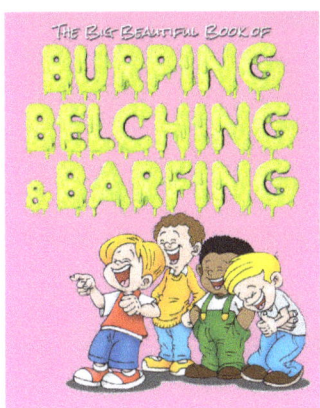

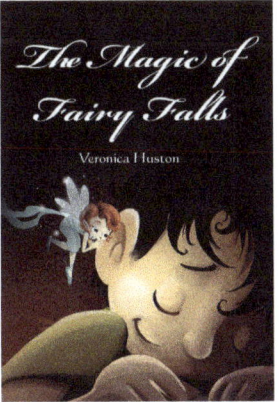

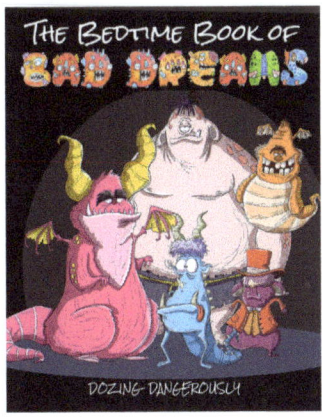

ENCUÉNTRALO ALLÁ DONDE ODIEN LOS LIBROS

Si estás leyendo esto, este libro no te va a gustar.

No es para ti.

Este libro es para las personas que no lo están leyendo.

A ellos tampoco les gustará, pero es corto.

Eso les gustará.

En español y inglés.

"En realidad no leí este libro. Si lo hubiera leído me habría encantado — pero nunca lo haré."　　　　*Billy*

"La palabra odio no alcanza. Detesto leer. Ni siquiera me gusta mirar los dibujos - que además no tiene."　　　*Wally*

"Esto no es lo que escribí sobre este estúpido libro."　　*Zane*

"Este es un gran libro para la mesita, si tu mesita odia leer."　　　　　　　　　　　　　　　　　*Solomon*

"Este libro hizo llorar a mi profe."　　　　　　　　*David*

"Mi hijo amó este libro. Dijo que estaba delicioso."
　　　　　　　　　　　　　　　　　　　　　　Sr. Jones

"ESTE LIBRO ES TAN ESTÚPIDO QUE HASTA YO PODRÍA HABERLO ESCRITO."　　　　　　　*Jimmy*

www.i-hate-to-read.com

www.ingramcontent.com/pod-product-compliance
Lightning Source LLC
Chambersburg PA
CBHW051556120626
46551CB00013B/1541